UNE

CONFÉRENCE

A

CHAOURCE

TROYES

Imprimerie Maillard de Broys

—

1883

UNE CONFÉRENCE

A CHAOURCE

Un évènement de très haute importance se passait le dimanche 8 avril, à Chaource.

Dès une heure de l'après-midi une animation extraordinaire régnait dans la petite ville.

Cultivateurs et citadins allaient et venaient en attendant l'heure indiquée.

Répondant au zèle, au courage et au dévouement de notre excellent ami, M. Emilien Gat, six cents personnes, au moins, tant de la ville que du canton, s'etaient donné rendez-vous à Chaource, pour assister à une conférence de M. de Marolles.

Bien que sortant à peine de maladie, l'éminent conférencier n'avait pas reculé devant la fatigue d'un long voyage pour porter la parole au milieu d'une population impatiente d'applaudir les accents de son éloquence persuasive et conv-incue.

M. le baron Tristan Lambert, ancien député de Fontainebleau, dont le nom est synonyme d'honneur, de loyauté, de patriotisme et de dévouement, avait bien voulu venir présider cette conférence.

A deux heures, au milieu d'une affluence d'élite qui se pressait dans un local aménagé, pour la circonstance, à l'hôtel Garçon, M. le Président de la réunion présentait à l'assistance M. le baron Tristan Lambert.

Le bureau constitué, M. le baron Lambert a ouvert la séance par ces paroles :

Messieurs,

Je ne sais à quoi attribuer l'honneur insigne qui m'est fait de présider une si nombreuse et si belle réunion.

Je ne l'attribue qu'à l'indulgence dont ont fait preuve à mon égard les honorables membres du Comité Royaliste de l'Aube.

Oui, Messieurs, la Champagne et la Brie étaient deux provinces sœurs, je suis habitant de Seine-et-Marne, et j'ai eu l'honneur de représenter mon département.

Champenois et Briards sont faits pour s'entendre.

Je compte sur votre courtoisie pour tous, sur votre bienveillance pour moi, et je donne la parole à mon ami M. de Marolles.

Discours de M. de Marolles.

M. de Marolles explique qu'il vient comme *contribuable* examiner avec d'autres *contribuables* dans quelle situation se trouve la fortune de la France et quel usage les hommes chargés de l'administration font des deniers publics,

La France possède aujourd'hui un budget qui s'élève pour l'exercice 1884 à la somme colossale de *trois milliards cent trois millions*.

Encore n'est-ce là que le budget ordinaire. Si à ce chiffre on ajoute le budget extraordinaire et les dépenses des départements et des communes, on arrive à une dépense totale, pour une année, de plus de *cinq milliards*.

Le capital mobilier et immobilier de la France étant évalué à 240 milliards, l'E at absorbé à lui seul 2.27 p. 0|0 de ce capital.

Aucune nation du monde ne possède un budget d'Etat comparable à celui-là.

Sous la Restauration le budget était de *900 millions* ; à la fin de l'Empire il s'élevait à *1.600 millions*.

En treize ans de République il a presque doublé.

Sans doute il faut tenir compte des dépenses de guerre. Mais qu'on établisse la comparaison avec une année plus récente, 1875 par exemple, on trouve pour cet exercice le chiffre de 2 milliards 600 millions.

L'augmentation en *sept ans* est donc de *500 millions*, sans aucune cause explicable.

Cette cause d'augmentation, il ne faut pas la chercher

ailleurs que dans la *mauvaise administration du gouvernement*, dans l'intérêt politique, l'intérêt électoral, les malversations des administrateurs républicains.

Exemple :

Au chapitre des retraites pour la vieillesse 6 millions en 1875, 21 millions en 1884.

Pourquoi cet écart ? Parce que cette institution est basée sur une organisation défectueuse et des calculs faux d'annuités

Au même chapitre, *huit millions* sont attribués aux indemnités des victimes du 2 Décembre. Parmi ces pensionnés, on compte des sénateurs, des députés, des fonctionnaires. On voit figurer des individus qui n'étaient *pas nés en 1852*, d'autres qui n'ont pris part aux évènements que par le vol, le pillage et l'assassinat.

Une veuve est pensionnée. Elle avait dénoncé son mari— homme fort paisible alors — et c'est elle qui touche la rente!

L'orateur passe en revue les divers budgets, et démontre que partout les dépenses augmentent, tandis que les services sont désorganisés.

La magistrature ! on sait quels sont les projets du gouvernement. On veut suspendre l'inamovibilité, la seule sauvegarde de l'impartialité des magistrats.

L'armée ! le chiffre des dépenses est énorme ; plus de 800 millions pour la guerre et la marine. A qui servira cet argent si on tue les deux choses qui sont la force de l'armée : la discipline quand on voit un Labordère devenir sénateur pour avoir refusé d'obéir.

Comment défendre l'honneur quand on choisit pour ministre de la guerre un Thibaudin qui a manqué à sa parole et qui à l'heure du danger a lâchement abandonné son poste?

Une augmentation sur laquelle on ne comptait guère, c'est celle de huit millions au budget des cultes! Or, pour qui ces faveurs ? Pour les cultes protestant et israëlite. Ou bien encore l'intérêt électoral de certains députés les engageant à obtenir des subventions pour leur pays demeuré religieux.

Ailleurs, c'est un architecte républicain qui trouve de bons bénéfices dans les constructions d'églises. Mais, que deviennent les intérêts religieux dans les mains du gouvernement. On le sait. Partout la haine, la persécution ; la *laïcisation* à outrance.

Les dépenses des cultes augmentent et partout le sentiment religieux est froissé, indigné, irrité par cette rage de *laïcisation*. On laïcise les hospices. On remplace les sœurs, ces anges de dévouement, par des infirmières laïques qui passent leur temps à tout autre chose qu'à soigner les malades.

Les dépenses du culte augmentent, et on supprime le traitement des curés qui n'approuvent pas les manuels impies de Paul Bert et du pasteur Steeg, et l'on poursuit les évêques qui condamnent la lecture de mauvais livres. Et bientôt, peut-être, il faudra que les catholiques paient leurs prêtres comme ils paient leurs écoles.

L'instruction publique. Voilà où l'accroissement est énorme: 37 millions en 1875 ; 135 millions en 1881. Plus de 716 millions pour la caisse des écoles, plus les dépenses des communes et des départements. C'est une profusion ; c'est une prodigalité. Pour obtenir quel résultat ? Des édifices somptueux où les enfants prendront le goût du luxe, où les entrepreneurs gagnent de l'argent, — des écoles où les enfants ne viennent pas, parce que les parents préfèrent l'éducation libre.

A Paris, rue de Bellechasse, une école laïque a coûté *600.000 francs*, elle entretient trois institutrices, et elle reçoit ONZE petites filles. Dans plusieurs localités, pas UN ENFANT ne fréquente l'école laïque; TOUS vont à l'école libre.

Donc, il faut payer sans mesure, pour des résultats nuls. En revanche, les parents chrétiens paient en outre pour élever religieusement leurs enfants. Au fond de tout cela, qu'y a-t-il ? La rage anti-religieuse. Pourquoi l'obligation ? Est-ce pour que les enfants soient tous instruits ? Non, c'est pour que l'éducation soit athée. Chasser Dieu de l'école, voilà le programme, et c'est pour remplir ce programme impie, c'est pour former une génération de sauvages, qu'on prend l'argent des contribuables.

Voilà l'image que les ministres républicains font des deniers publics, voilà le secret des accroissements. Mauvaise politique, intérêt personnel, calculs électoraux, voilà la cause des augmentations et des dépenses qui nous accablent.

M. de Marolles se demande qu'elle en sera le résultat.

Il ne faut pas se faire d'illusion. Tous les hommes sérieux le voient — les républicains eux-mêmes le comprennent, nous allons à la ruine. — Les trois phases financières inévitables sont le *déficit*, l'*emprunt*, la *banqueroute*.

Le déficit. Depuis trois ans le déficit est avoué, indiscutable ; on peut l'évaluer déjà en tout à 500 millions. Tous les moyens de trésorerie ont été employés ; toutes les ressources sont à sec.

La conversion du cinq permettrait de le combler au moins partiellement — l'intérêt électoral empêche la conversion. Et puis c'est une ressource commode pour les agioteurs qui spéculent sur la hausse et sur la baisse du cinq pour cent. Donc le déficit subsiste, et ne fera que s'accroitre.

L'emprunt à bref délai est inévitable. Au bas mot il faudra un MILLIARD ET DEMI, encore ne sera-ce que pour combler les pertes passées ; et le déficit ne fera que s'accroitre pour l'avenir. Alors le moment fatal arrivera et l'Etat fermera ses caisses ; ce sera l'heure de la BANQUE-ROUTE.

Mais, dit-on, la France est riche et se relève facilement.

L'orateur examine la situation économique. Il fait un tableau saisissant des souffrances de l'agriculture, du commerce, de l'industrie. Les plaintes sont unanimes. La cause en est encore aux députés qui, sous-prétexte de libre-échange, protègent l'étranger au détriment de la production nationale,

Nous sommes envahis par les blés étrangers, par les viandes américaines, par les tissus anglais, par les fers belges, par les sucres allemands, par les vins d'Espagne. Nous ne sommes plus que des consommateurs — tout cela pour plaire aux nations que notre mauvaise politique nous aliène.

Le travail languit, les ouvriers se plaignent, on leur répond par des coups de fusil.

Ruine des finances, ruine de la production nationale, voilà donc le fruit de treize ans de République.

Ici, M. de Marolles commence à tirer des conclusions de ces faits indiscutables.

C'est bien à la forme républicaine qu'il faut s'en prendre de ces désastres.

En effet, la République est le système de la Souveraineté donnée à l'ambition personnelle. On n'arrive au pouvoir que par l'intrigue et les manœuvres électorales. Tout est sacrifié à cet intérêt des individus. C'est la forme du gouvernement qui le veut ainsi.

La logique républicaine aboutit directement au socialisme Les collectivistes et les nihilistes ne font que tirer les conséquences directes des principes républicains.

La suppression de la propriété, de la religion de la famille, tel est l'aboutissement final.

On n'en est pas encore là, mais on en est la ruine. C'est déjà trop,

Il est temps de s'arrêter et d'en revenir au principe monarchique. Seul ce principe assure la bonne gestion des intérêts du pays. Pourquoi ? Parce que la monarchie héréditaire ne dépend pas des fluctuations capricieuses de l'opinion. Comme la magistrature, la souveraineté doit être inamovible. C'est par l'hérédité que la monarchie est inamovible.

Le pays commence à le comprendre. Un courant s'établit vers la monarchie. On sent qu'il faut revenir à la stabilité. Cette stabilité c'est le trône qui la donne, parce que le Roi n'est pas tel ou tel individu, tel ou tel personnage.

Le Roi étant mort ou crie : « Vive le Roi ! » et le pays continue à vivre avec un gouvernement établi.

L'orateur termine par une entrainante profession de foi religieuse et politique, et lorsqu'il répète ce mot qui maintenant retentit d'un bout de la France à l'autre : « Vive le Roi ! » des applaudissements éclatent de toutes parts, et toutes les voix de s'écrier : « Vive le Roi ! »

Ce discours, fréquemment interrompu par des applaudissements et des bravos, est couronné par les cris répétés de « Vive le Roi ! » — vive M. de Marolles !

L'enthousiasme est indescriptible. La joie rayonne sur tous les visages. Chacun comprend que M. de Marolles a donné la solution vraie. Nous ne serons sauvés de la ruine et de la honte que par le retour du Roi.

Les acclamations et les cris de « Vive le Roi ! » retentissent encore quand le président se lève et prend la parole.

Discours de M. le baron Tristan Lambert

M. le baron Tristan Lambert remercie l'assemblée du calme dont elle fait preuve, puis l'honorable conférencier du magnifique discours, des pensées si éminemment chrétiennes et françaises qu'il a exprimées en termes si nobles et si élevés et auxquelles il déclare s'associer pleinement et sans restriction.

M. Tristan Lambert retient surtout deux faits qui ressortent du discours de M. de Marolles.

La République, l'Hérédité.

La République, nous *mourrons d'elle et par elle* ; l'Hérédité, nous y aspirons et elle nous ravivera.

La République, messieurs, dit l'honorable président, elle s'est attaquée à tout ce que la France croit, aime et respecte. Elle a voulu arracher de nos cœurs notre foi catholique. Elle n'y réussira pas.

Nous sommes tous chrétiens et catholiques, nous nous en glorifions, nous le sommes librement et volontairement, nous le demeurerons jusqu'à la mort, envers et contre tous, et vous saurez défendre votre foi et la transmettre intacte à vos enfants.

La République a ruiné nos finances et, comme le disait si éloquemment et si précisément M. de Marolles, elle a porté le budget de la France de 900 millions qu'il était sous Charles X, de 1.600 millions qu'il était en 1869, à 3 milliards 600 millions, Une progression semblable, une succession de semblables folies amènera non-seulement la banqueroute de l'Etat, mais auparavant, peut-être, la banqueroute des communes, surchargées de dépenses exagérées, votées en général par ceux qui n'ont pas à les payer et soustraites par l'expulsion des plus imposés au contrôle de ceux qui les paient.

La République vous a donné la guerre meurtrière de Tunisie, sans même que vos représentants aient été appelés à se prononcer, et sous le prétexte mensonger des Kroumirs,

Pour vous éloigner de ces Rois qui ont fait la France et qui avaient eux-mêmes aboli tous les abus de l'ancien régime, on vous effraie avec le souvenir mensonger de temps qui ont à jamais disparu. Mais dans tous ces abus que la Révolution reproche aux temps qui ne sont plus, y avait-il, dites-le moi, une charge plus lourde, plus écrasante que le service militaire obligatoire, qui enserre, en dépit de ses aptitudes, tout citoyen de 20 à 40 ans, en l'enlevant de force à sa famille et à l'agriculture? Avant 1789, messieurs, on ne saurait trop le répéter, n'était soldat que qui le voulait, ne servait que qui s'engageait volontairement et contre une forte rémunération. Et cela n'empêchait pas nos Rois de conquérir la Flandre, la Franche-Comté, l'Alsace, la Lorraine, la Corse.

Dans l'Angleterre monarchique, le service obligatoire et la conscription sont aussi inconnues qu'ils l'étaient en France du temps de nos rois. Cela n'a pas empêché l'Angleterre de conquérir l'Egypte en un mois, pas plus que cela n'avait empêché Louis XV de gagner en personne la bataille de Fontenoy.

Nous, avec les charges militaires énormes que la République nous impose, nous avons laissé l'influence française être chassée de l'Orient.

Ne l'oubliez jamais, messieurs, c'est à la première République que vous devez la conscription, à la troisième que vous devez le service obligatoire universel, contre lequel, du reste, le sens pratique de M. Thiers s'était élevé lors de la confection de la loi.

L'hérédité, messieurs, mais Dieu la loi immuable, nos pères, une succession de quinze siècles non interrompue, l'ont établie dans l'intérêt de tous dans la maison Royale de France. Avec l'héredité plus de compétitions, plus d'ambitions délétères.

Si le trône est héréditaire, si la clef de voûte de l'Etat est héridtaire dans l'intérêt de tous, l'épargne, l'économie, la terre, le champ, le titre de rente, la propriété voient leur hérédité à jamais incontestée.

Avec le système électif au contraire, de même qu'une chambre a pu voter, sans vous consul er, à une voix de majorité, triple résultat d'un faux qualifié tel par la cour de Bourges et à l'aide duquel on a invalidé l'élection légitime de M. de Bourgoing qui eut voté contre, du vote de M. Target, ambassadeur à La Haye, que l'on fit voter *quoiqu'absent* pour la République, alors que l'on ne recueillait pas le vote de M. de la Rochefoucould, royaliste, ambassadeur, lui aussi, à Londres, résultat enfin de l'indisposition subite et momentanée de M. Maurice, député royaliste du Nord, qui eut certainement voté contre, et que l'on ne fit pas voter parcequ'étant à la Chambre une minute auparavant, on le croyait toujours présent.

Voilà, messieurs, l'origine de la République, je me trompe, elle a encore une autre source : l'émeute, l'émeute sanglante toujours, l'émeute au 10 août pour la première République, l'émeute au 24 février et aux journées de juin pour la seconde ; l'émeute au 4 septembre devant l'ennem vainqueur et à son profit, amenant naturellement l'émeute effroyable de la Commune.

L'Hérédité, elle, a fait la France. Elle l'a groupée tout entière et successivement autour de cette maison Royale de France, dont les ancêtres ont sauvé la patrie avec Clovis à Tolbiac, avec Jeanne d'Arc à Reims, qui ont réuni successivement à Paris, à l'Ile de France, berceau de leur maison, dot superbe apportée par eux à la patrie, 32 provinces, 86 départements, dont l'Alsace et la Lorraine, perdues par la République qui a follement continué une guerre désastreuse pour affirmir son gouvernement, et comme dernier souvenir, sous Charles X, grand-père d'Henri V, l'Algérie.

Jetons les yeux sur l'Europe.

Inspirons-nous des exemples des autres peuples.

Voyons la Pologne. Elle ne jouissait pas, elle, des bienfaits de l'hérédité, elle était rongée par le régime électif.

Après des siècles de guerre civile, finalement trois voisins puissants la partagèrent : elle fut la proie de la Prusse, de la Russie, de l'Autriche.

Si elle eut eu une dynastie héréditaire, cela ne fut point arrivé.

La Prusse, elle, abattue après Iéna bien plus terriblement que la France ne le fut après 1870, était réduite à une seule bourgade : Memel ; mais dans cette bourgade était réfugié son Roi. La Prusse se groupa résolument autour de son souverain malheureux, 7 ans après elle était redevenue une puissance de premier ordre, et avec trois générations de rois, elle était devenue malheureusement pour nous

L'Empire d'Allemagne.

Pourquoi dans un pays, Monarchique depuis quinze cents ans, la République est-elle parvenue à supplanter — momentanément, bien entendu — la Monarchie ?

Pourquoi, messieurs, parce que nous autres monarchistes nous avons été malheureusement divisés, alors que les républicains étaient unis.

Formés en faisceau par Gambetta, l'Union républicaine marchait compacte à l'assaut, je me trompe, au pillage de la France.

Ce temps n'est plus, Gambetta est allé rendre ses comptes devant le Juge suprême, devant lequel les Loges maçonniques pèsent bien peu.

Depuis, et instantanément, le faisceau républicain s'est

dissous et définitivement. Plus d'union, mais vingt groupes, anarchistes, collectivistes, gauches, centre-gauche, grévistes, opportunistes, internationalistes, etc.

Nous aussi nous étions divisés, entre Légitimistes, Orléanistes, Impérialistes.

Ces temps ne sont plus, et tandis que les républicains sont définitivement séparés, nous sommes, nous, définitivement, indissolublement réunis.

Par la mort héroïque, admirable du valeureux, généreux et chrétien Prince Impérial, que j'ai fidèlement servi pendant neuf ans d'exil, et auquel je m'honore de payer pub'iquement un tribut de regrets douloureux et d'hommages bien mérités;

Par l'adhésion du prince Jérôme, dont je n'ai pas à parler ici, mais dont je dois constater l'adhésion à la République, adhésion renouvelée dix fois depuis sa révolte contre le prince impérial, chef de sa famille, adhésion scellée et constatée par sa signature du manifeste des 363 et sa lettre impie contre les congrégations, du 5 avril 1880;

Par la patriotique, loyale, définitive soumission du Comte de Paris et de tous les Princes d'Orléans, sans exception aucune au chef de leur Maison: il n'y a plus qu'un seul parti monarchique, loyalement groupé avec et derrière Henri V.

Telle a été la cause des succès républicains dans le passé, telle sera la cause de leurs défaites futures et de notre triomphe prochain.

Confondons les mensonges. On parle d'ancien régime. L'ancien régime est mort et a été définitivement enterré par Louis XVI en personne. La Restauration avait-elle ressuscité l'ancien régime ?

La Chambre des Pairs des Rois Louis XVIII et Charles X comptait 250 membres, plus de deux cents étaient d'anciens serviteurs du premier Empire et de la première République où était donc l'exclusivisme de la Restauration?

Durant un règne de 72 ans, Louis XIV n'a eu qu'un seul ministre noble : le duc de Beauvilliers.

Ses ministres, ses maréchaux étaient Fabert, fils d'un boulanger ; Colbert, fils d'un drapier ; Letellier ; Catinat ; Mazarin, fils d'un domestique.

Les ministres de la Restauration étaient Pasquier, Decazes, Peyronnet, Duperré, Lainé, Corbière, Chantelauze, etc., étaient-ce des gens d'ancien régime?

Il n'y en eut qu'un, à proprement parler, ce fut le duc de Richelieu. Honneur à lui, il délivra la France de l'étranger, cette France dont Louis XVIII et les Bourbons avaient empêché le morcellement et le partage en se mettant, en 1814 et en 1815, entre elle et les alliés.

La France, où est-elle, messieurs, est-elle avec ces étrangers, républicains cosmopolites qui la gouvernent aujourd'hui? Est-elle avec ces Gambetta, ces Waddington, ces Spuller, Le Royer (de Genève), ces Cryzanow-ki (Sigismond Lacroix), ces Wilson, etc......, qui la gouvernent et l'exploitent aujourd'hui?

Non! Elle est avec la Maison qui l'a faite, qui a reçu le baptême avec elle à Reims, avec Clovis qui l'a civilisée et instruite, avec Charlemagne qui est mort pour elle, avec Robert-le-Fort et 43 de ces princes.

Elle est avec les descendants, les héritiers de ces rois désignés dans l'histoire par les surnoms de Père du peuple, de Bienfaisant, de Lion, de Magnanime, de Pieux, de Saint, de Grand.

La France, elle est indissolublement unié avec la race de Charlemagne, de Robert-le-Fort, de Hugues-le-Grand, de St Louis, de Philippe-Auguste, de Henri IV, de Louis XIV.

La France, elle est avec Henri-Dieudonné, avec Henri V, avec ces vingt Princes du sang Royal de France, loyalement et publiquement reconciliés.

La France, elle est avec son Roi, avec le Roi qui n'a jamais menti, dont la loyauté, le prestige européen remettra à l'heure même de son avènement, la France au premier rang de l'Europe; elle est avec celui qui appelle chacun à Lui, sans aucune distinction du passé, ni d'antécédents, qui n'aspire qu'à pacifier et à réconcilier, qui ne veut pas être le Roi d'un parti, mais le Roi, c'est à dire le Père de tous, et qui a dit et répété:

« Je n'ai ni injures à venger, ni ennemis à écarter, ni for-
« tune à refaire, sauf celle de la France. »

Saluons donc ensemble, messieurs, ceux qui ne sont plus, d'un respectueux hommage.

Serrons nos rangs pour nous unir, tout en les ouvrant bien larges, bien hospitaliers suivant la volonté de notre Roi, à toutes les bonnes volontés, à tous les désabusés, à tous les patriotes, à tous ceux qui ont faim et soif de la justice, et avant de nous séparer, poussons tous ensemble ce cri de relèvement, de fidélité, de salut, ce cri d'union, de concorde et de paix, qui, n'en doutez pas, avant deux ans et peut-être beaucoup plus tôt sera le cri unanime de toute la France délivrée, relevée, réconciliée :

Vive le Roi !

Vive la Maison de France !

Ces derniers mots sont salués par des bravos et de très nombreux cris de Vive le Roi ?

C'est un immense succès. On se retire réconforté et meilleur. Maintenant on a l'espérance au cœur, et cette espérance réchauffe.

Certes, ce n'est pas aux auditeurs de la conférence de Chaource que les menteurs autorisés de la Révolution viendront raconter leurs sornettes sur la *dîme* et les *droits du seigneur*. Nos braves amis qui savent à quoi s'en tenir sur ce sujet depuis que la République les saigne aux quatre membres, les renverraient à leurs officines maçonniques et autres mauvais lieux.

Loin d'épouvanter nos amis de la campagne, le cri de « Vive le Roi! » qui a toujours été le cri de ralliement des vrais patriotes, les porte à se serrer davantage autour de nous. Le soir cent d'entre eux prenaient part à un banquet parfaitement organisé par Madame Garçon, à l'Hôtel des Fontaines.

Nous nous plaisons à le dire et à le redire, la cordialité la plus grande n'a cessé de régner pendant cette charmante soirée.

TOASTS

M. le Président de la réunion remercie M. le baron Tristan Lambert du chaleureux discours prononcé par lui à l'issue de la conférence.

Il rappelle l'engagement volontaire de l'orateur dès le début de la guerre, sa blessure et la médaille militaire qui en fut la récompense, ainsi que l'énergie avec laquelle, depuis 12 ans, il s'est consacré à la Chambre et dans le département de Seine-et-Marne, à la défense de l'église de la Monarchie et de toutes les bonnes et justes causes,

Des applaudissements éclatent de toutes parts dans la salle, simultanément avec les cris de Vive le Roi! vive M. le baron Lambert!

M. le baron Tristan Lambert répond par ce toast :

Messieurs, je vous propose un toast, ou mieux un quadruple toast.

Je bois au Roi, à Henri V, à ce Roi qui ne se connait pas d'ennemis, qui n'aspire qu'à pacifier et à réconcilier, et qui n'a jamais menti, à Henri V qui, par 52 ans d'exil Royalement supportés, nous a conservé intact le dépôt sauveur de l'Hérédité et de la Monarchie qui sera dans un temps, très voisin et très proche, le salut de la France. Au plus honnête homme de l'Europe,

au Roi !

Je bois à la Reine, à la Reine de France, Marie-Thérèse d'Autriche, à la pieuse compagne d'Henri V, à ce modèle de vertus, de bienfaisance et de charité, à la consolatrice de l'exil et de l'affliction,

à la Reine Marie-Thérèse !

Je bois à Son Altesse Royale Monseigneur le Comte de Paris, à celui qui est aujourd'hui le Dauphin de France,

A ce Prince patriote qui en s'effaçant loyalement devant l'auguste Chef de sa Race, en abdiquant toutes prétentions pour le présent, a sauvé l'avenir en réconciliant publiquement et définitivement la Maison Royale de France.

Je bois au loyal neveu et à l'héritier de notre bon et grand Roi,

à Monseigneur le Comte de Paris !

Je bois enfin à tous les hommes d'ordre, à tous les honnêtes gens, venus des points les plus divers.

Aux Royalistes anciens et nouveaux, aux Orléanistes qui ont accompagné leurs Princes dans leur grand acte de soumission, aux Impérialistes qui, demeurés sans chef depuis la mort héroïque du valeureux Prince Impérial, n'ont pas voulu accompagner le Prince Jérôme dans son adhésion à la République, et sont venus abriter leur amour de la Religion, de la Monarchie, de l'autorité sous l'égide toute puissante d'Henri V.

Aux républicains lassés, écœurés, désabusés de la République et de la Révolution, que le Roi appelle et attend comme les autres, et qui veulent éviter à la France une nouvelle Commune et le sort menaçant de la Pologne.

A tous les bons citoyens qu'Henri V attend tous et appelle tous à sauver la France avec lui.

Messieurs, l'Union républicaine est morte à jamais avec M. Gambetta, je bois à l'Union Monarchique.

Vive le Roi !

Vive la Maison de France !

Toast de M. Maréchaux

Après M. le baron Lambert, l'honorable M. Maréchaux, ancien magistrat, porte en termes éloquents un toast à M. de Marolles. L'orateur a beaucoup connu le vénérable père de notre ami, M. de Marolles. Il loue sa charité bien connue et son amour de la Vérité et de la Justice. Il félicite M. de Marolles de marcher noblement sur les traces de son pére et fait ressortir la générosité et la grandeur d'âme dont il a fait preuve en donnant sa démission de procureur de la République, plutôt que d'avilir sa conscience en servant le gouvernement des crocheteurs.

Honneur aux hommes de cœur qui, comme lui, ont mieux aimé briser une brillante carrière que de forcer, comme de vils malfaiteurs, les portes de citoyens paisibles qui vivent dans la prière, le recueillement, le travail et les bonnes œuvres.

L'orateur, au nom du canton de Chaource, remercie M. de Marolles, du dévouement dont il a fait preuve en venant à Chaource et de son éloquent discours.

Il espère que ses paroles ne seront pas perdues. Comme le grain dont nous parle l'Ecriture, elles sont tombées dans un terrain fertile et produiront d'heureux résultats.

Des applaudissements couvrent les paroles de l'honorable M. Maréchaux,

Toast de M. de Marolles

M. de Marolles accepte les félicitations de M. Maréchaux non pour lui-même, mais pour toutes les personnes qui ont assisté à la conférence et pris part à ce banquet.

Nous vous avons parlé du Roi, dit l'éminent orateur. Ce n'est pas la première fois qu'on parle du Roi dans cette bonne ville de Chaource. Déjà ce vieux cri de nos pères a été proféré à Chaource. Les barons révoltés contre l'autorité de Saint Louis avait forcé ce pieux roi à les rappeler au sentiment du devoir et du patriotisme. Poursuivis, ils s'arrêtèrent à Chaource où ils firent leur soumission. La ville qui avait ouvert ses portes au Roi victorieux retentit de cris de triomphe

l'lus tard, le bon Roi Henri IV guerroyant pour conquérir cette couronne de France qui ne venait pas à lui s'arrêta à Chaource et en cette occasion vos pères, messieurs, acclamèrent le Roi.

Louis XIV, lui aussi vint à Chaource. Qui sait, ajoute l'orateur, si le descendant de tous ces rois qui ont fait la France, revenant d'exil ne s'arrêta pas un jour à Chaource.

Il est certain, n'est-ce pas, messieurs. que vous lui feriez accueil et que notre cri de ralliement « Vive le Roi ! » s'échapperait encore plus vigoureux de vos poitrines ?

Et l'assistance de répondre oui ! oui ! Vîve le Roi ! Vive le Roi ! Vive M. de Marolles.

Toast de M. Eugène Goussin

M. Eugène Goussin porta ensuite un toast au Roi et à la Reine et le termina par cette prière :

Aux Français vous avez, Seigneur,
Fait cadeau de la République ;
A mettre en elle son bonheur,
Depuis douze ans chacun s'applique.
Mais, Seigneur, si votre dessein
Pouvait être de la reprendre,
Aujourd'hui plutôt que demain,
Nous sommes prêts à vous la rendre.

Cette prière originale, mais sincère et spirituelle, obtient un immense succès.

Les convives électrisés se lèvent comme un seul homme et répètent à bien des reprises le cri de Vive le Roi

Aucun cri seditieux n'a trouble la paix de ce beau our,

Les républicains consternés n'ont pas osé manifester ainsi qu'ils l'avaient annoncé, àvec leur fatuité ordinaire. Ils ont pris le parti le plus sage et ils ont bien fait.

MAILLARD DE BROYS.

Troyes, Imp. Maillard de Broys